Druck: PROOST, Turnhout, Belgien
ISBN 3-570-03776-2 · Printed in Belgium

André Dahan

Was macht der Mond im Vogelnest?

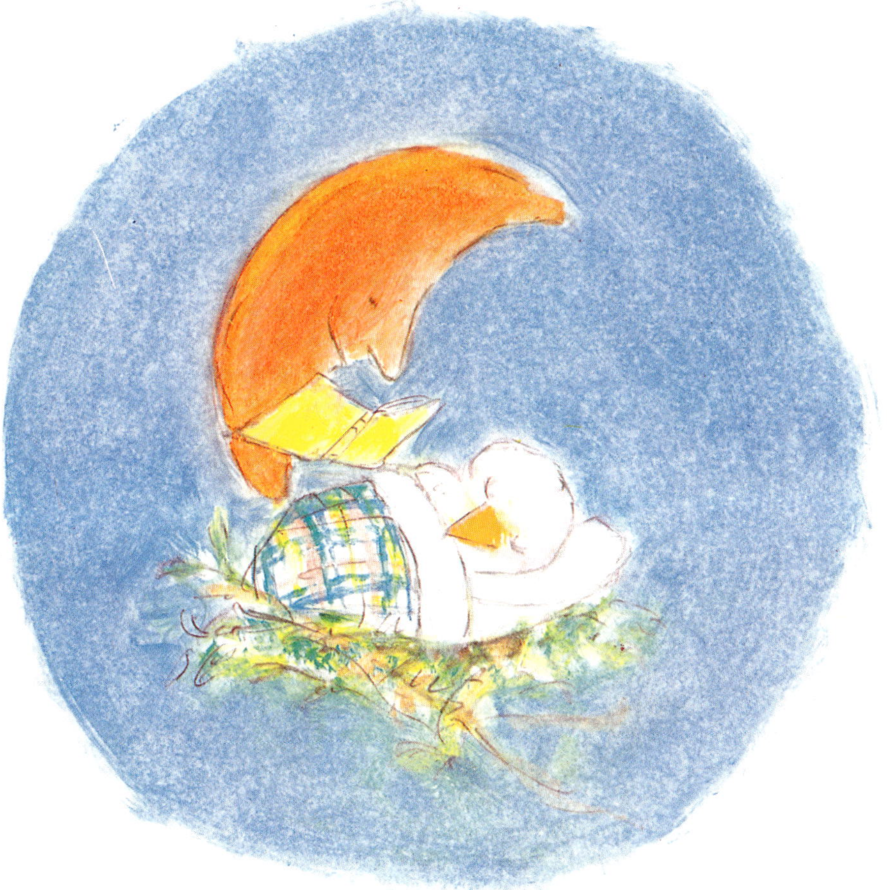

Eine Bildergeschichte

C. Bertelsmann

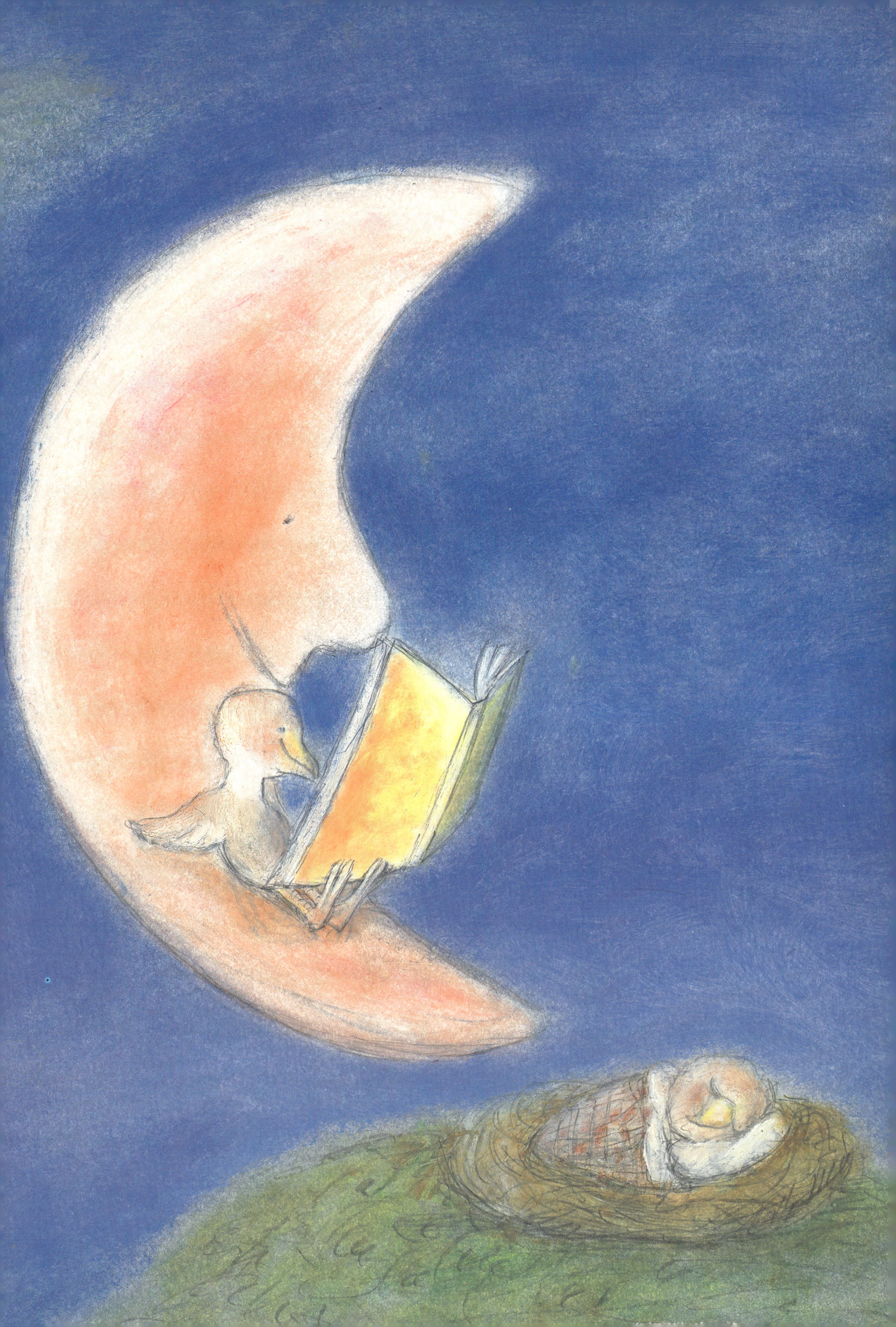

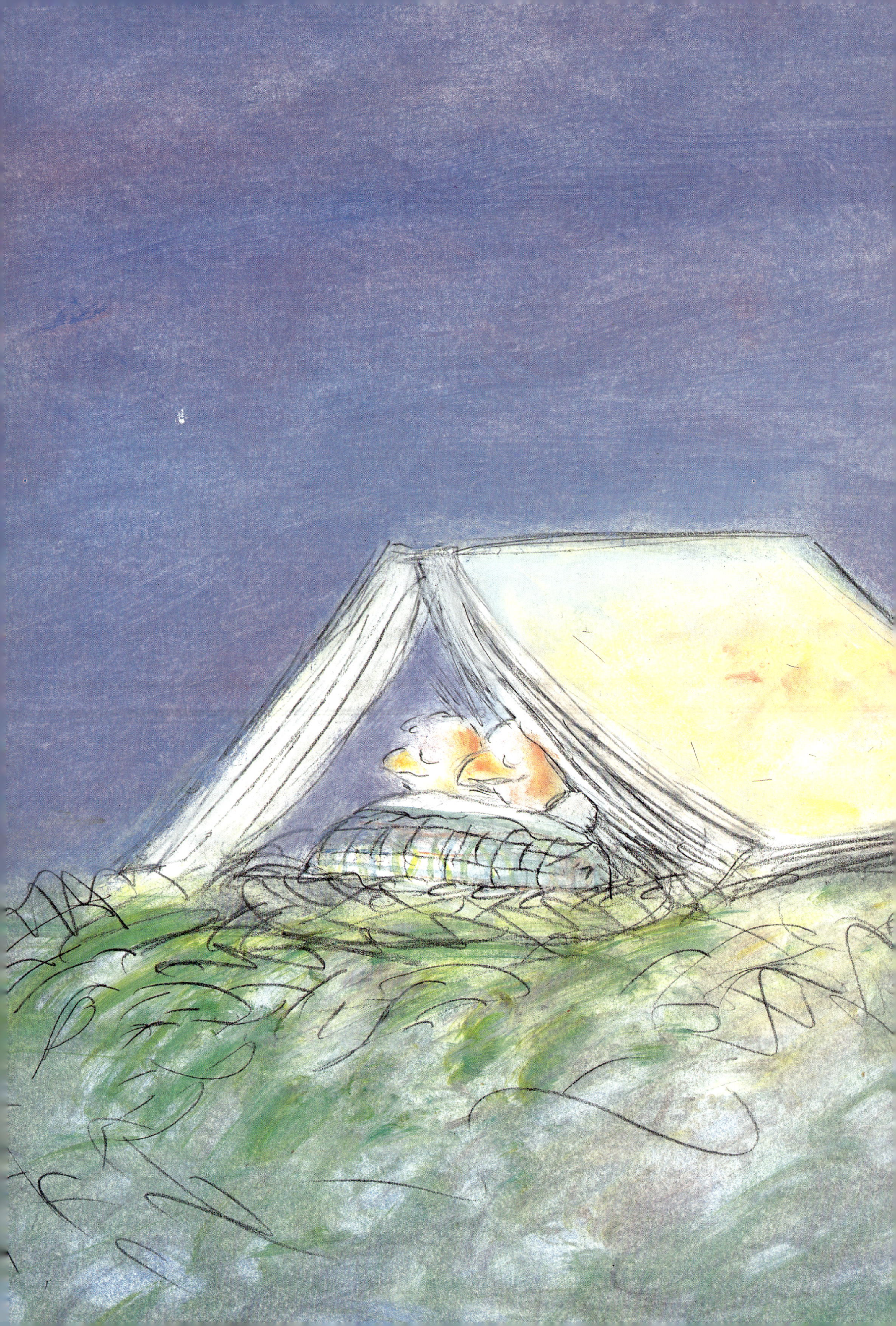

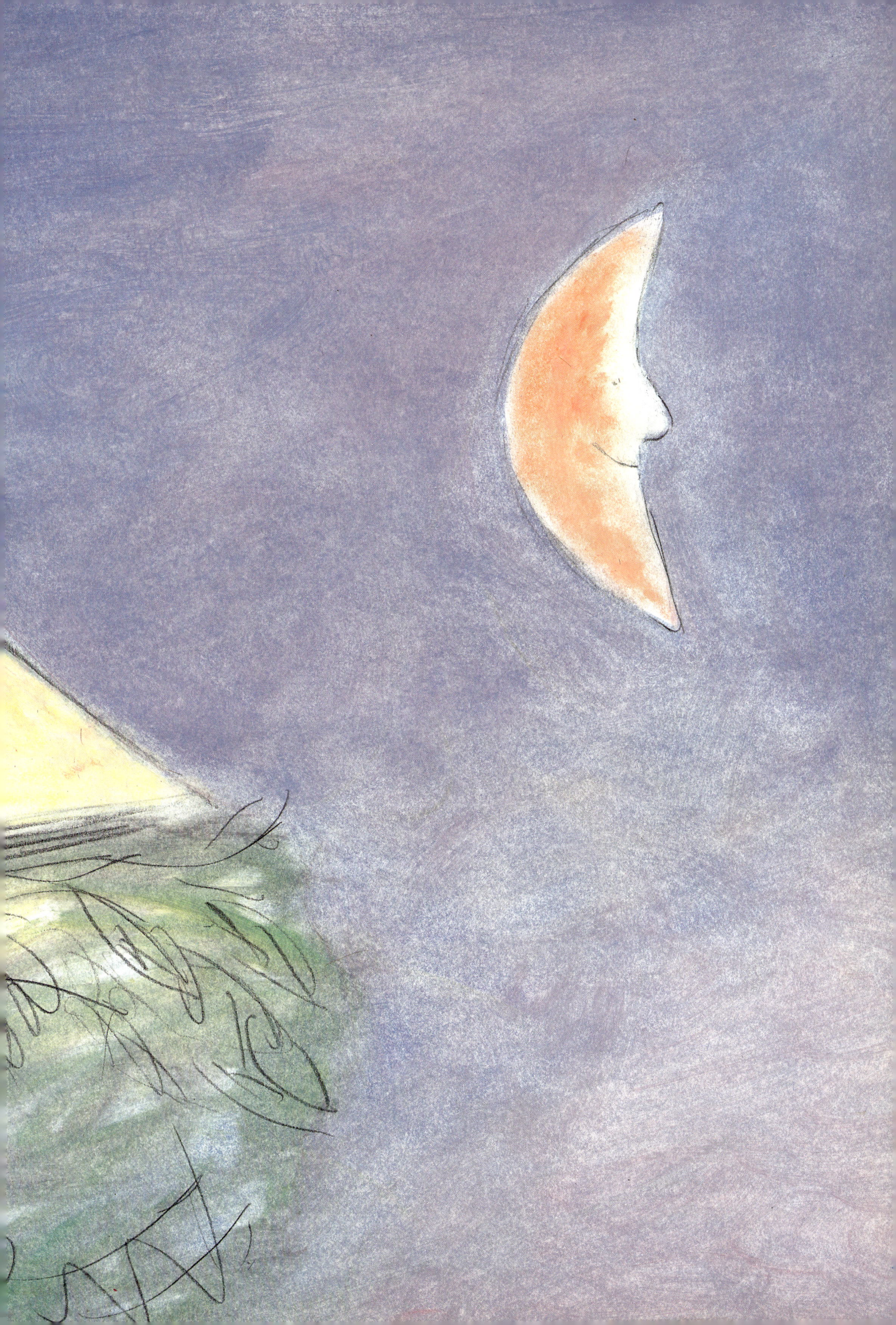

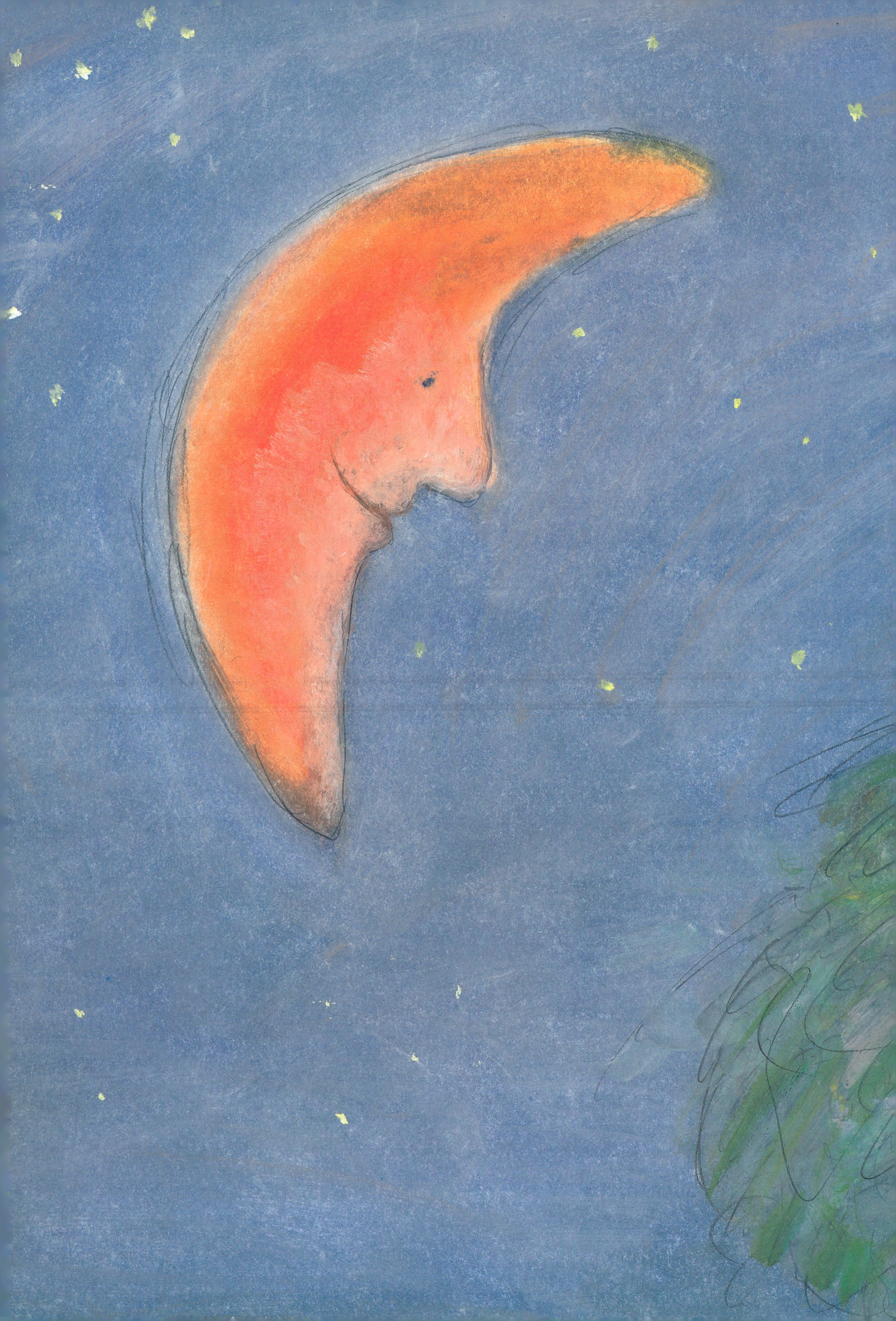

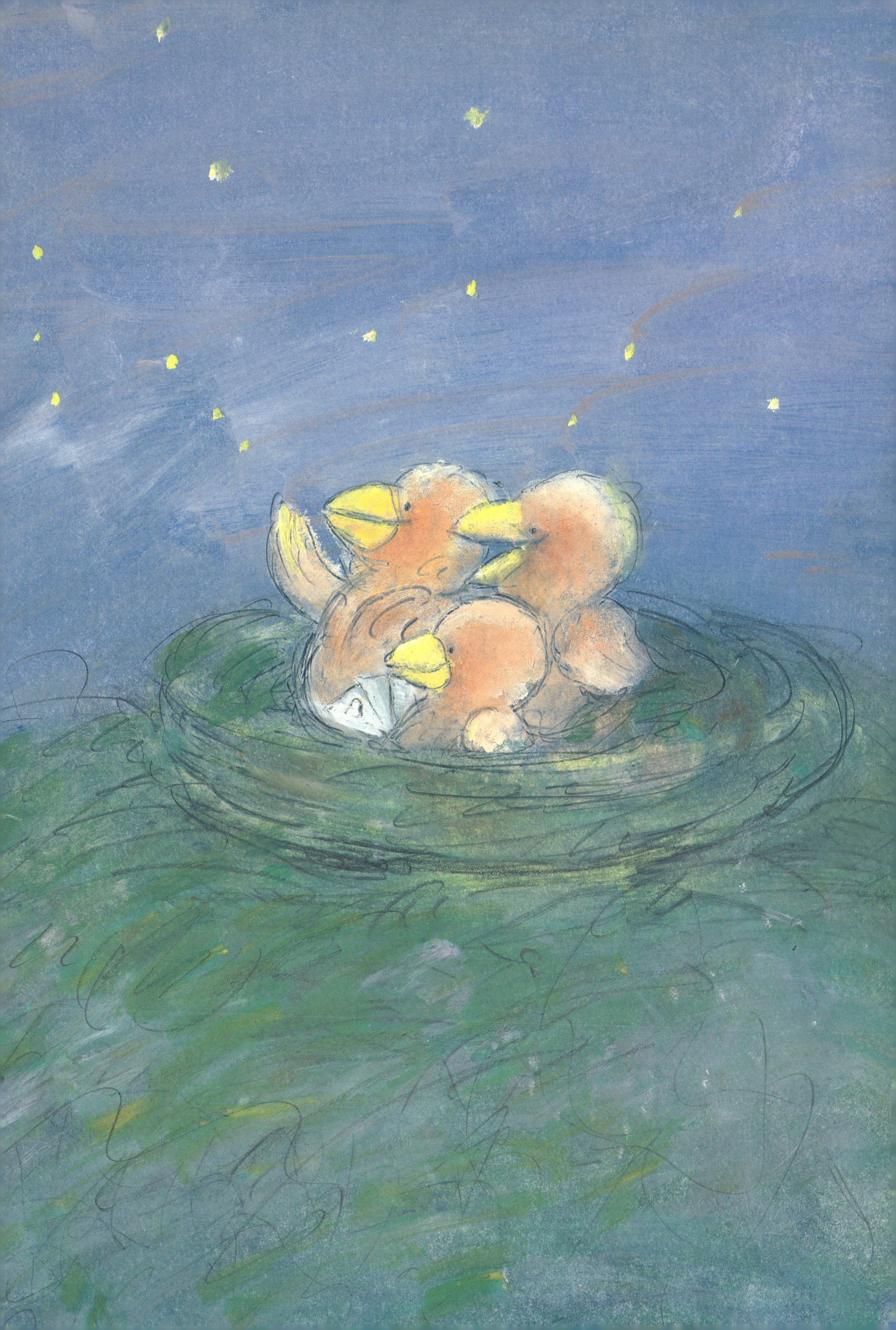

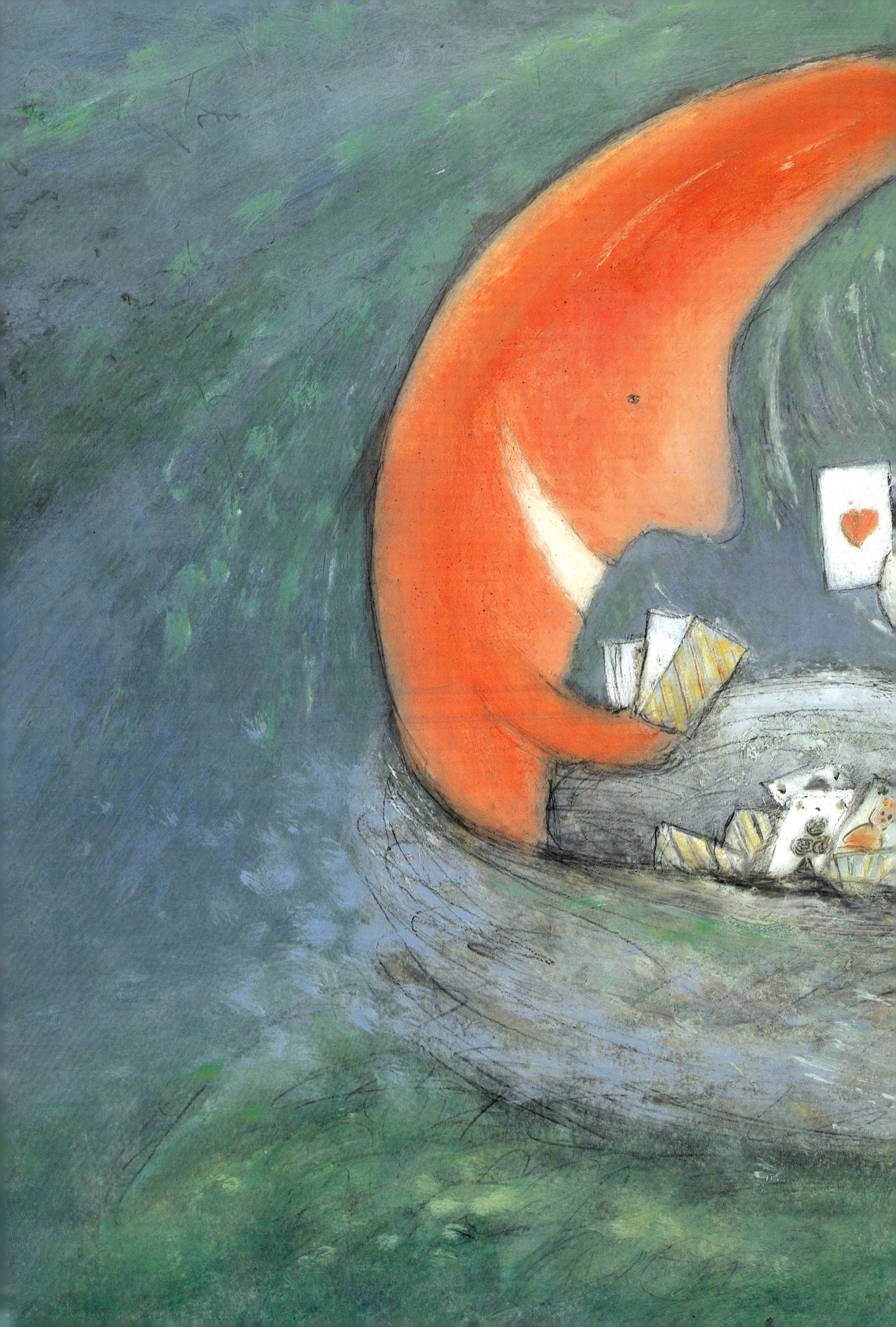

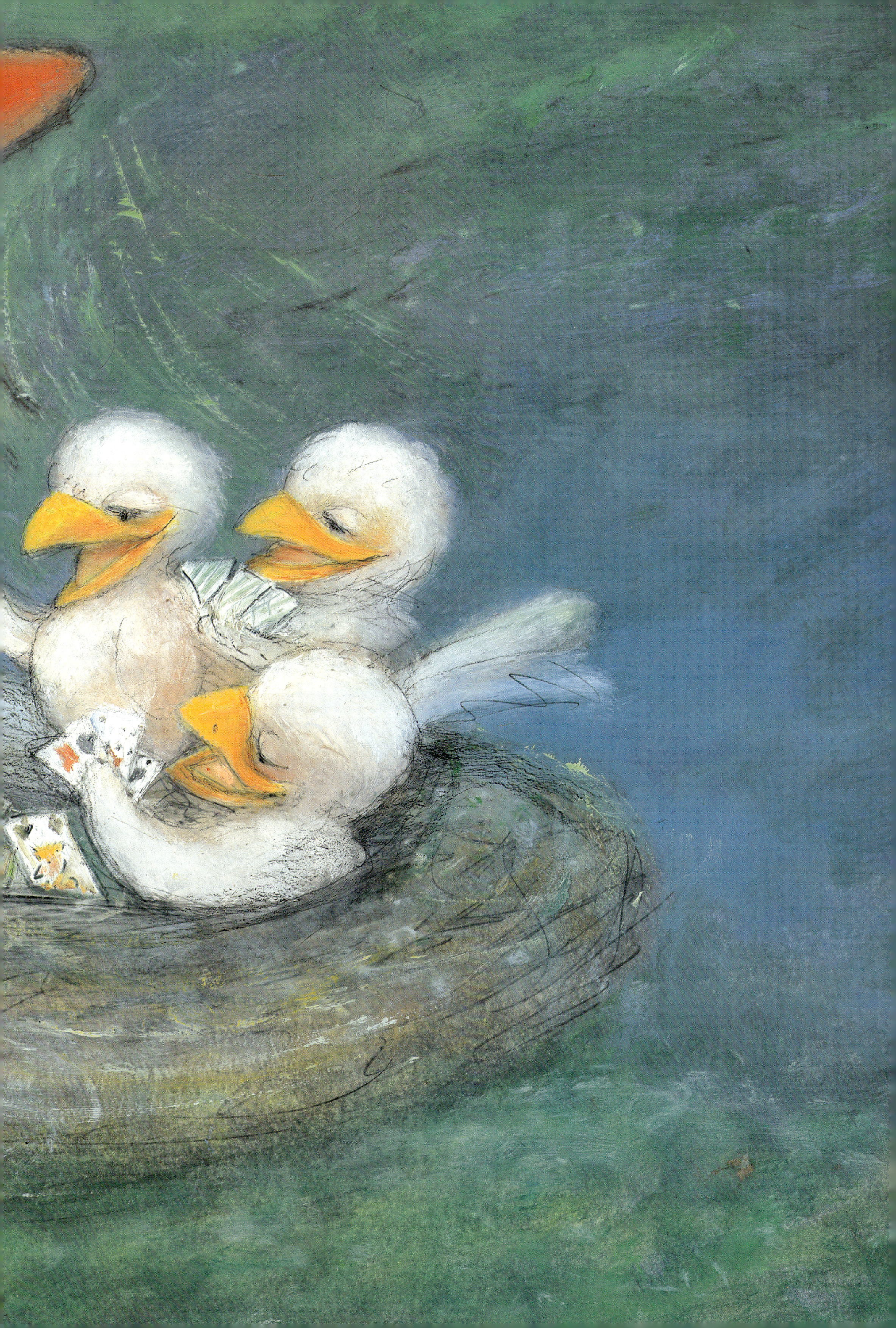

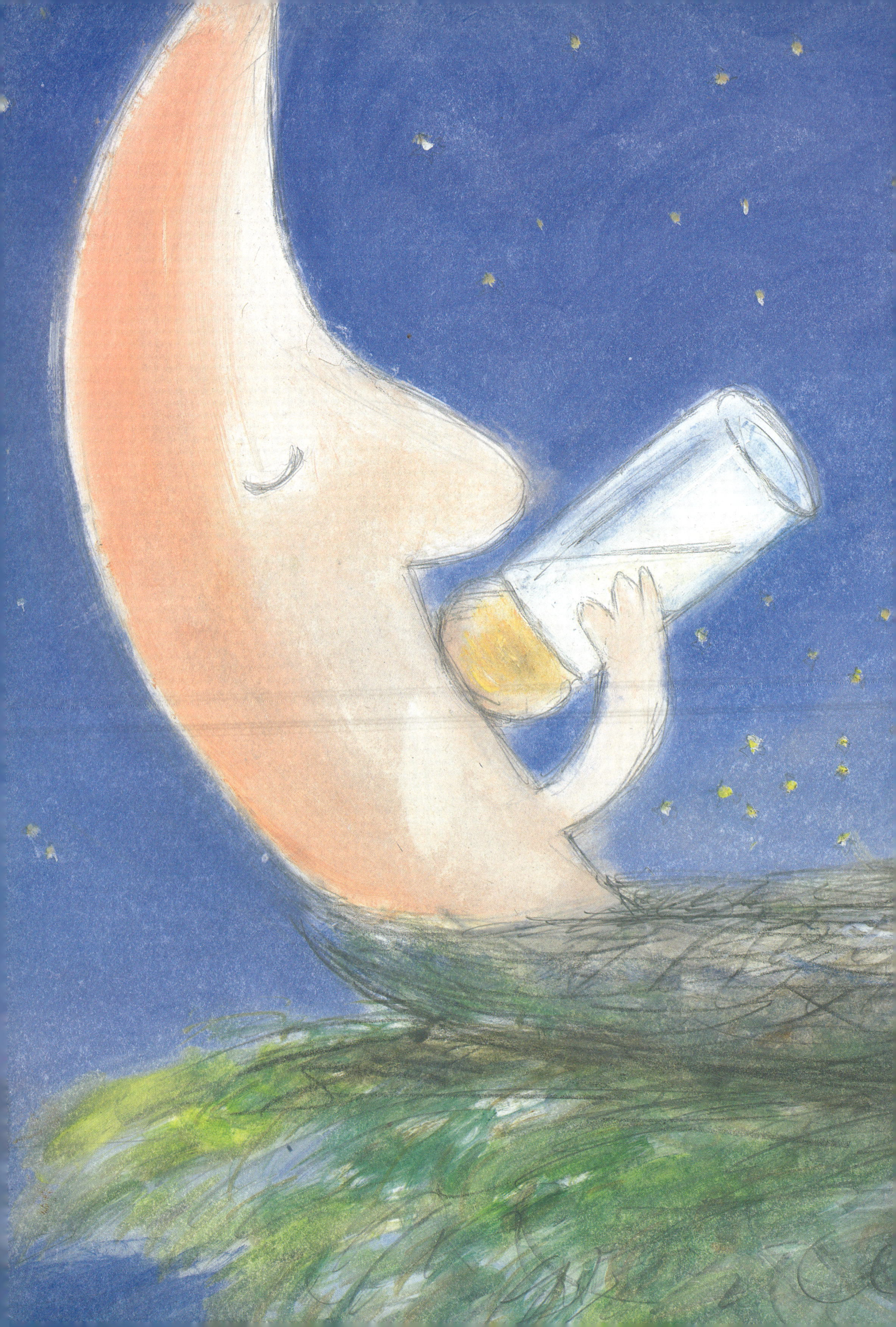

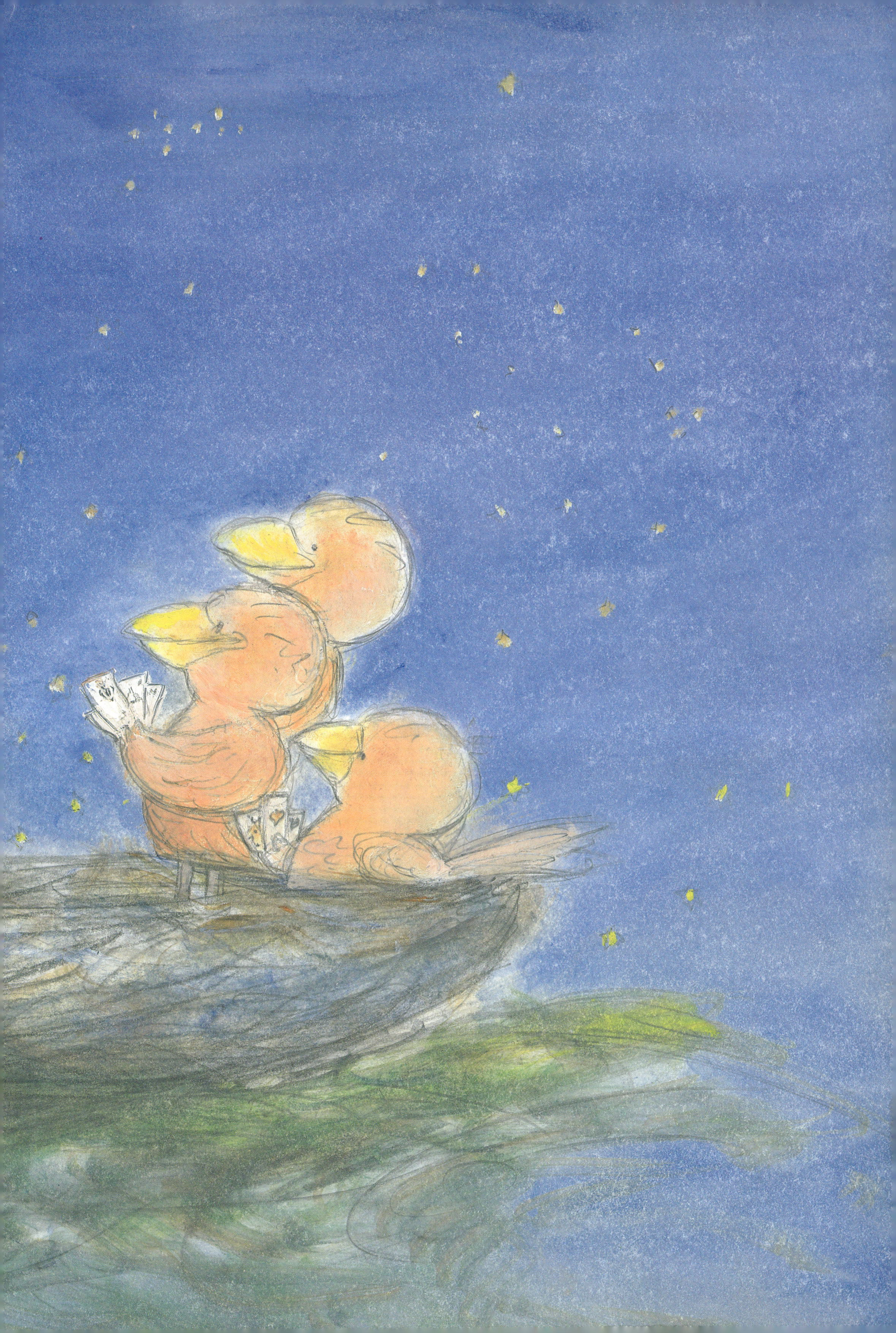

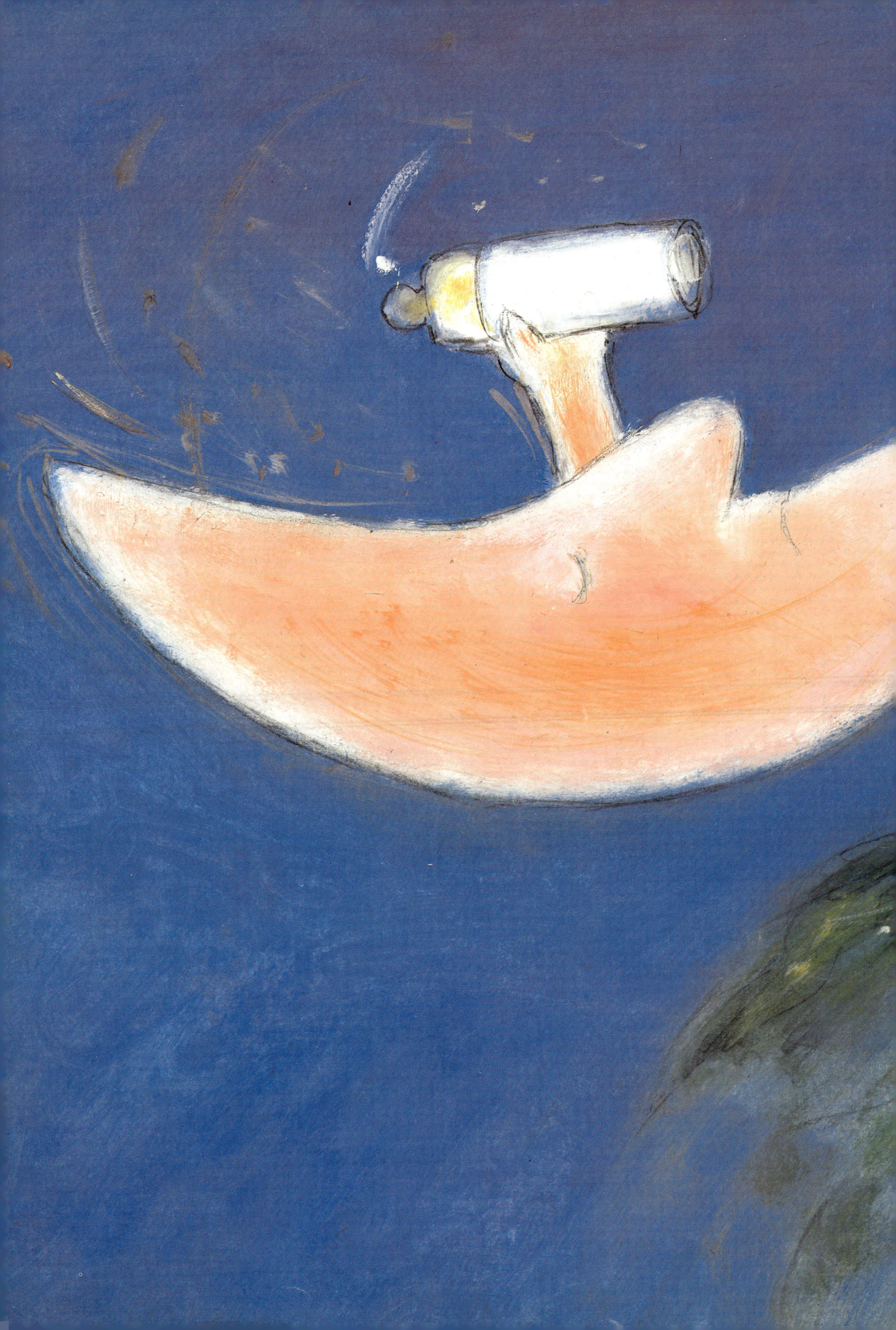

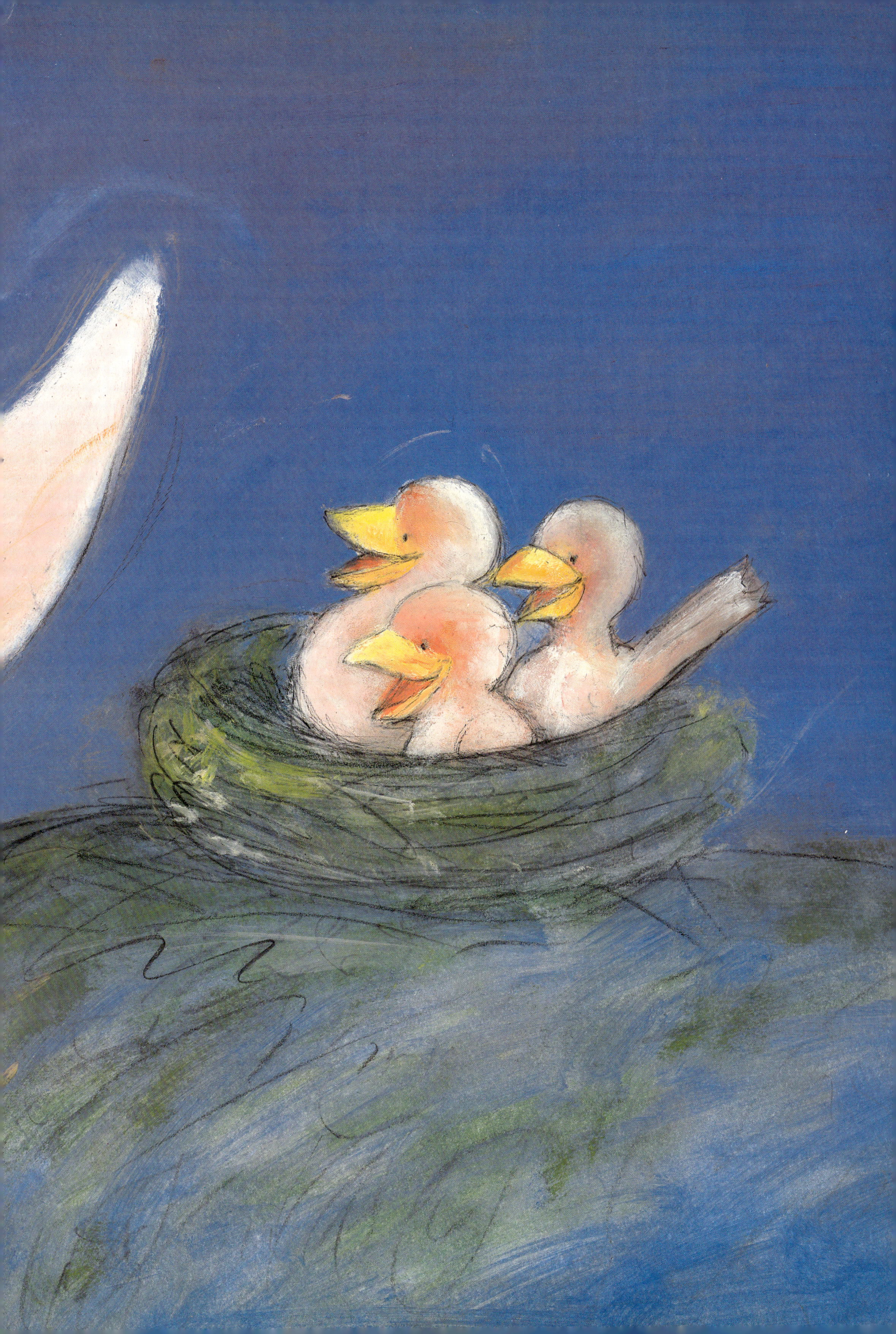

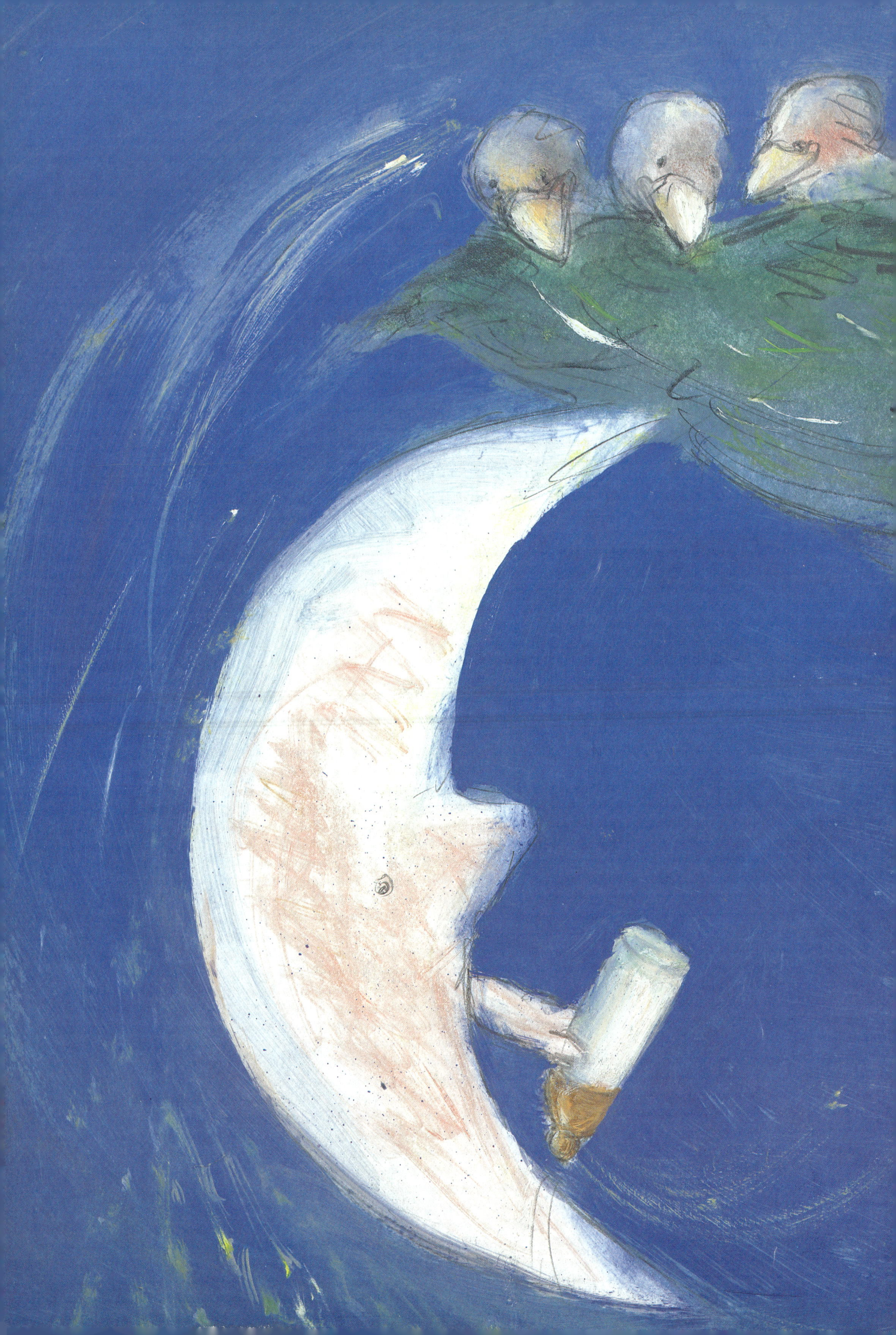

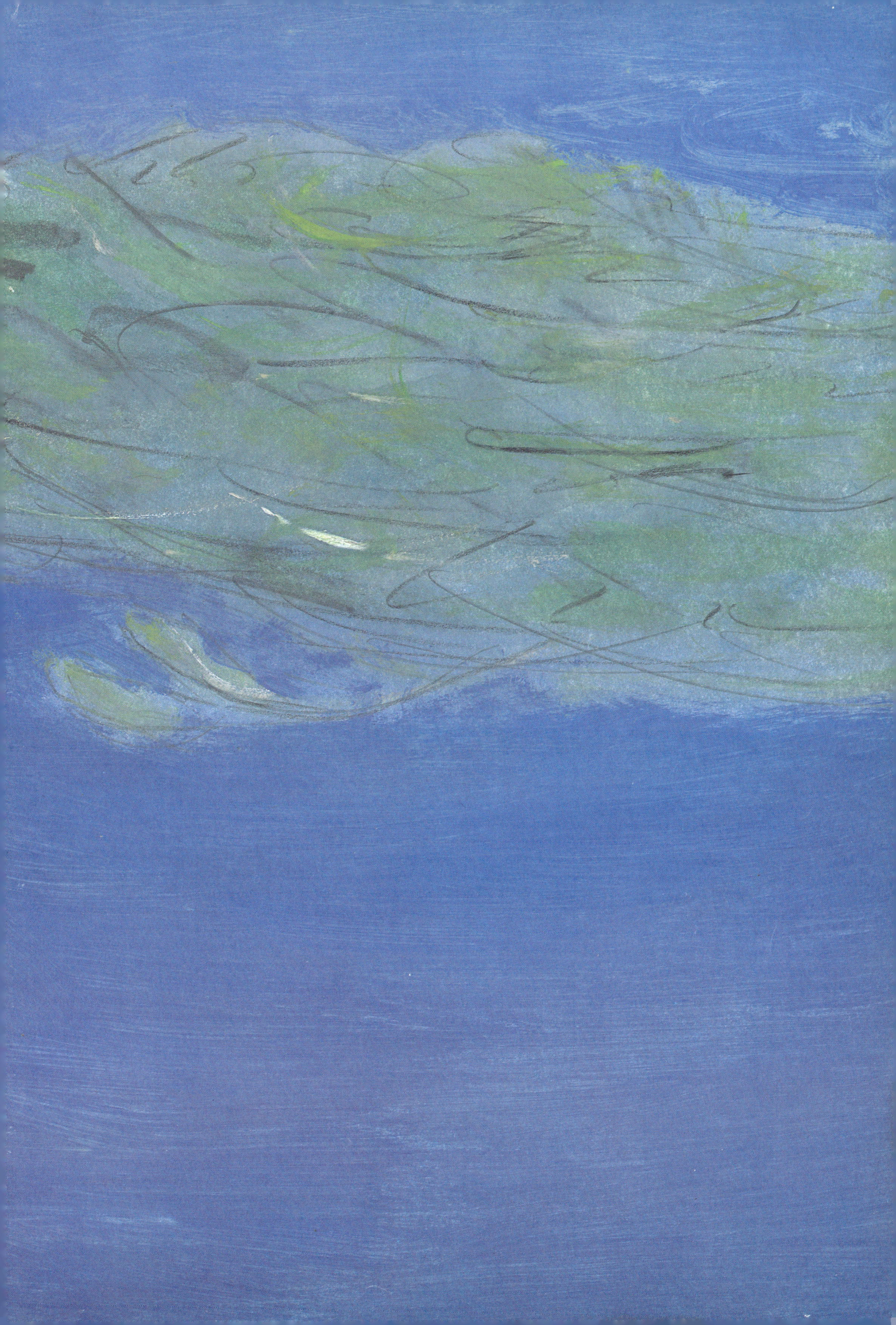

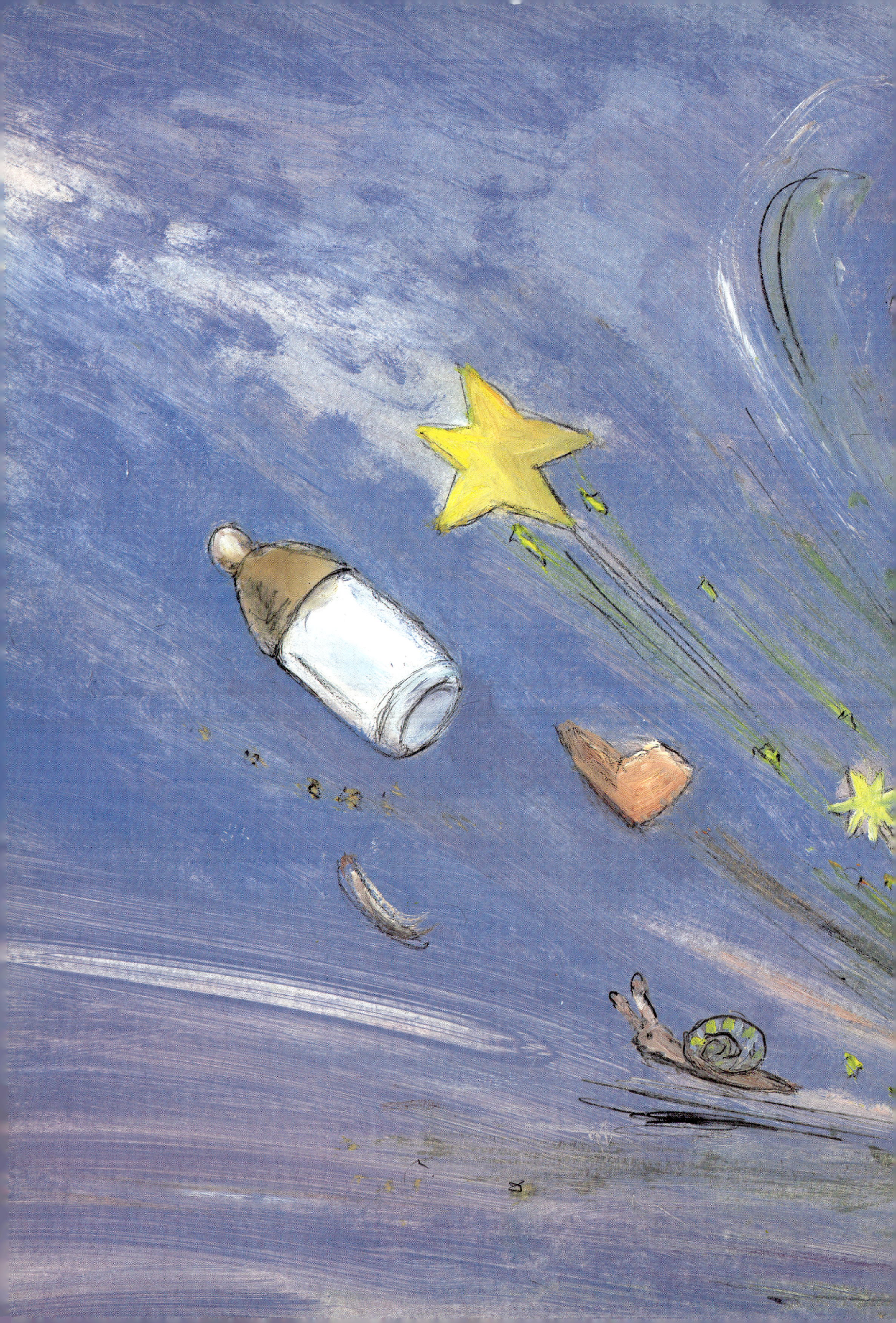

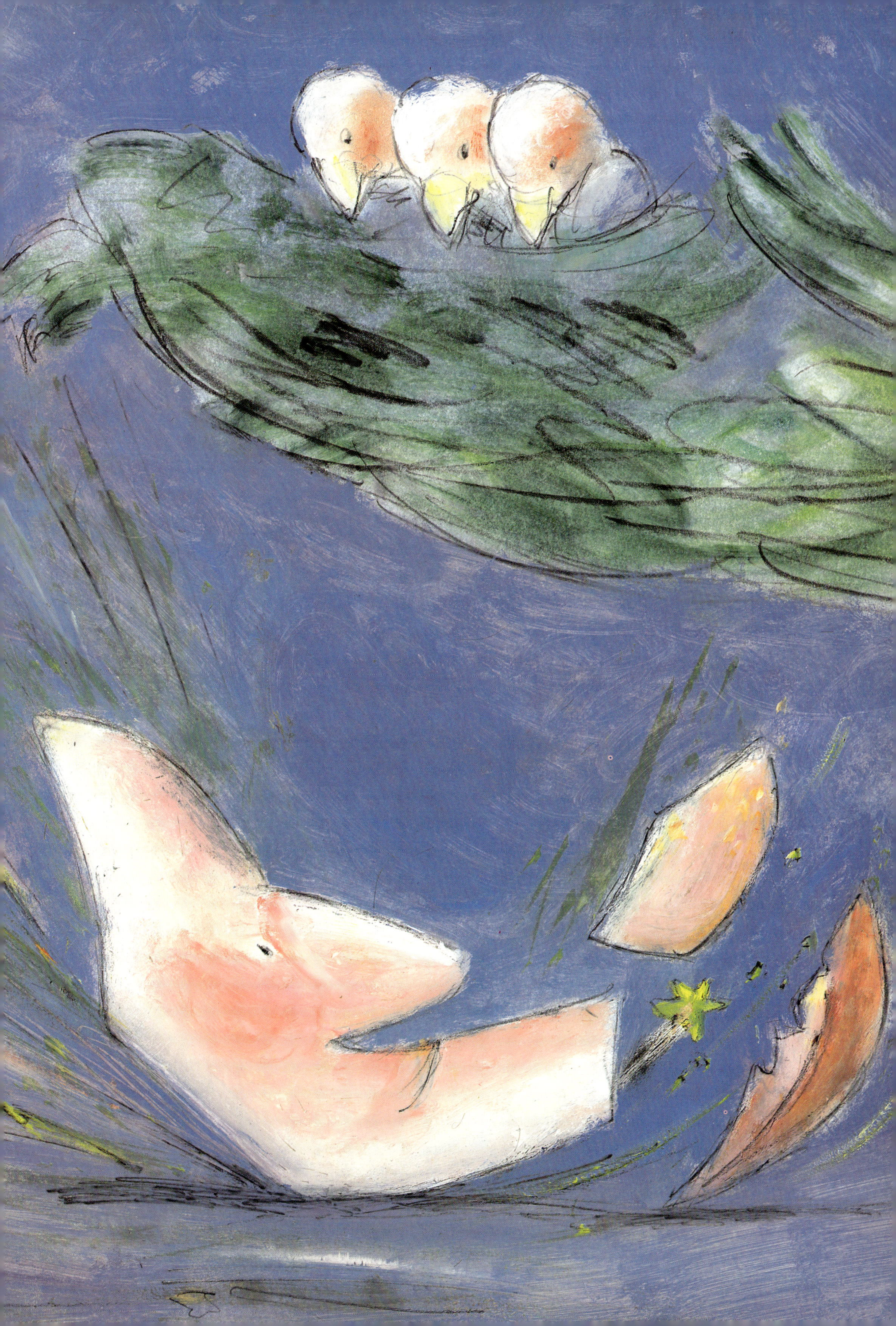

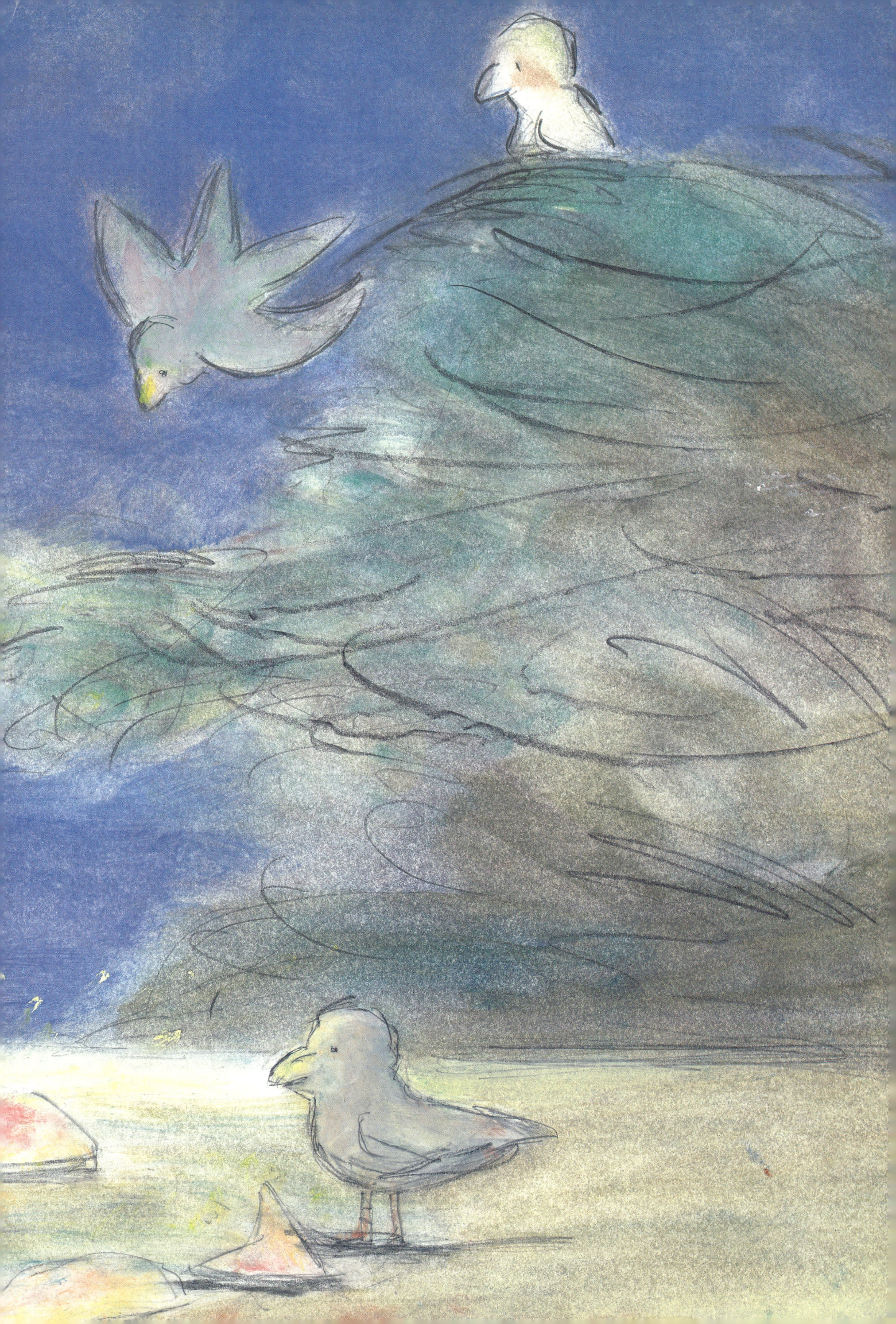

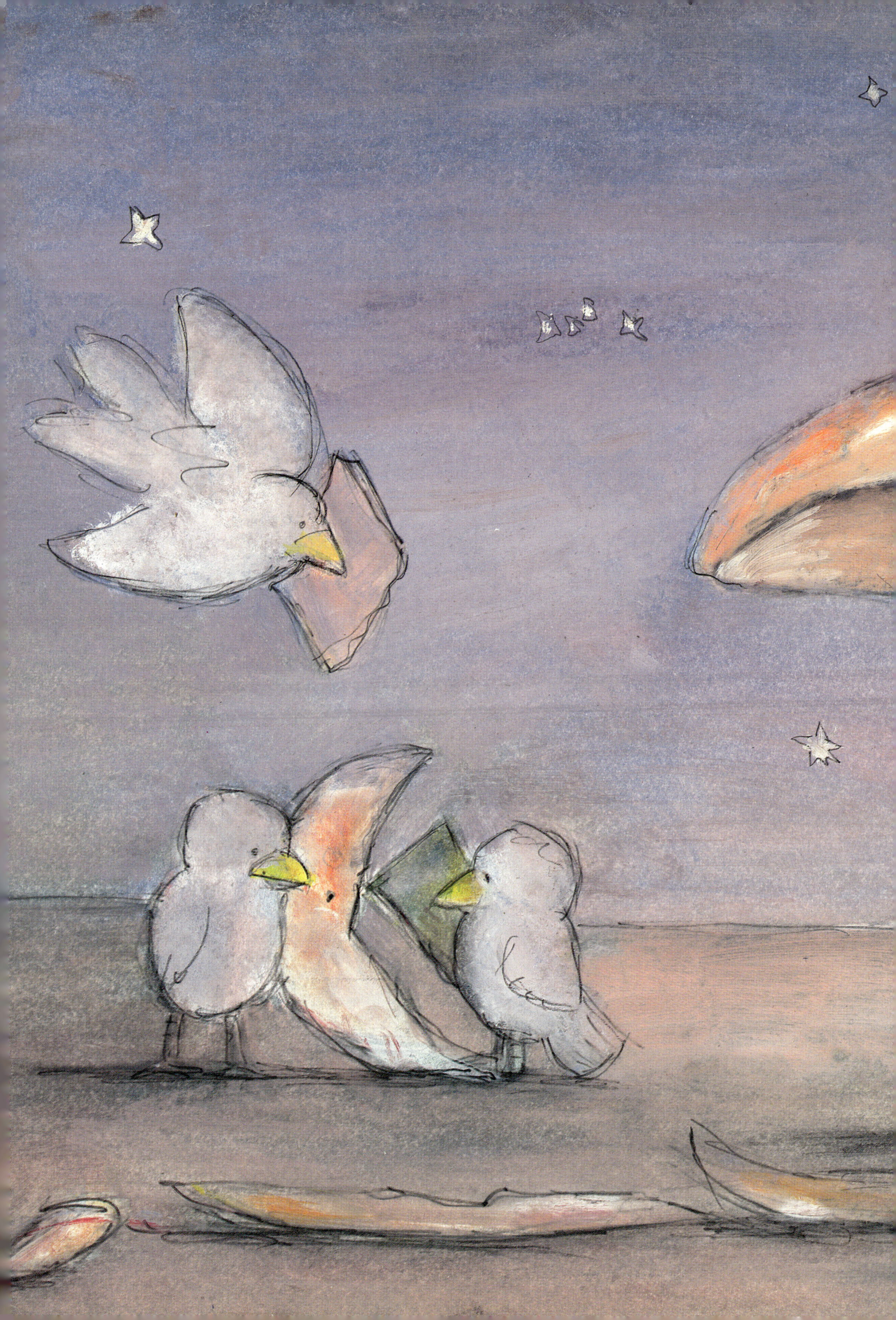

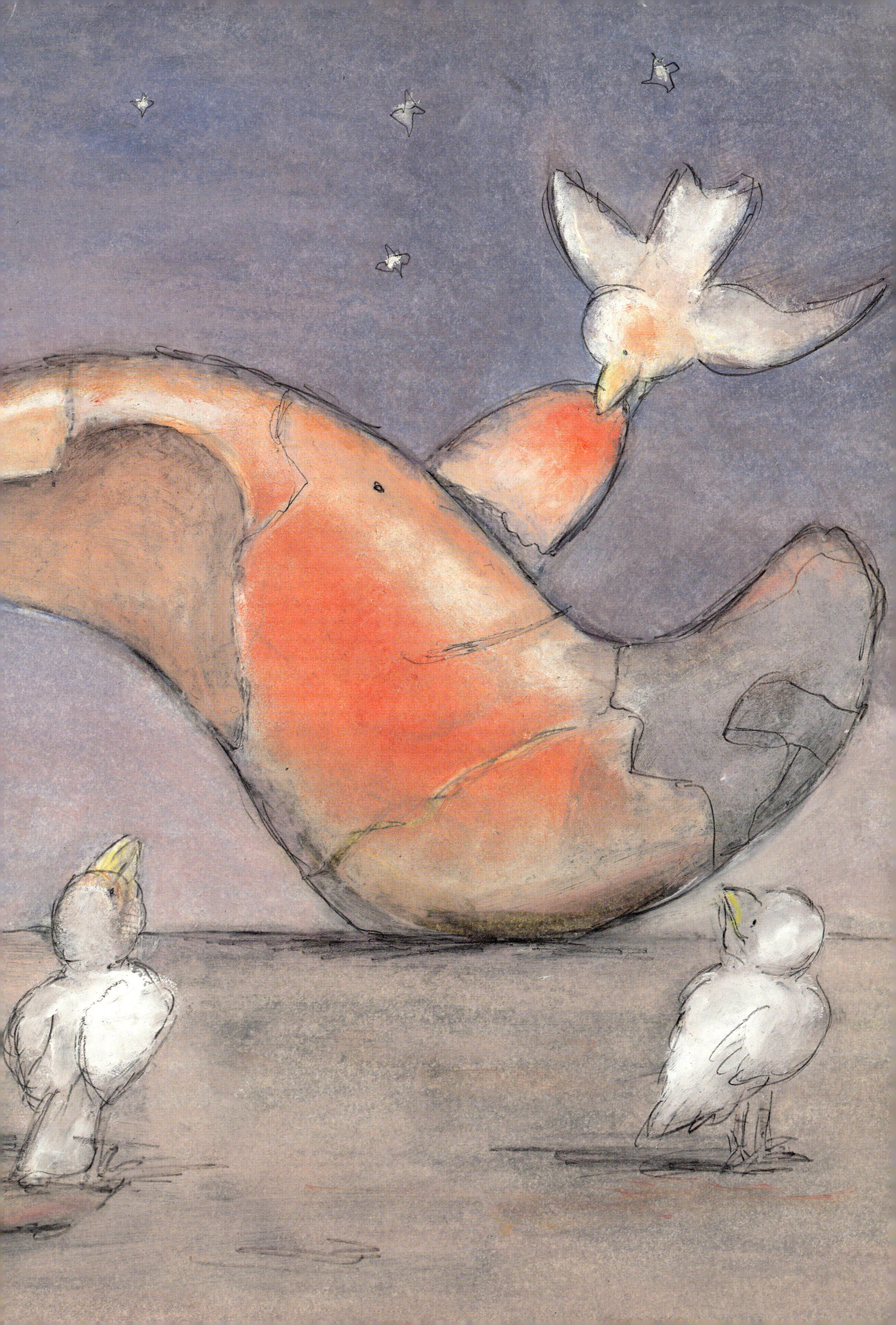

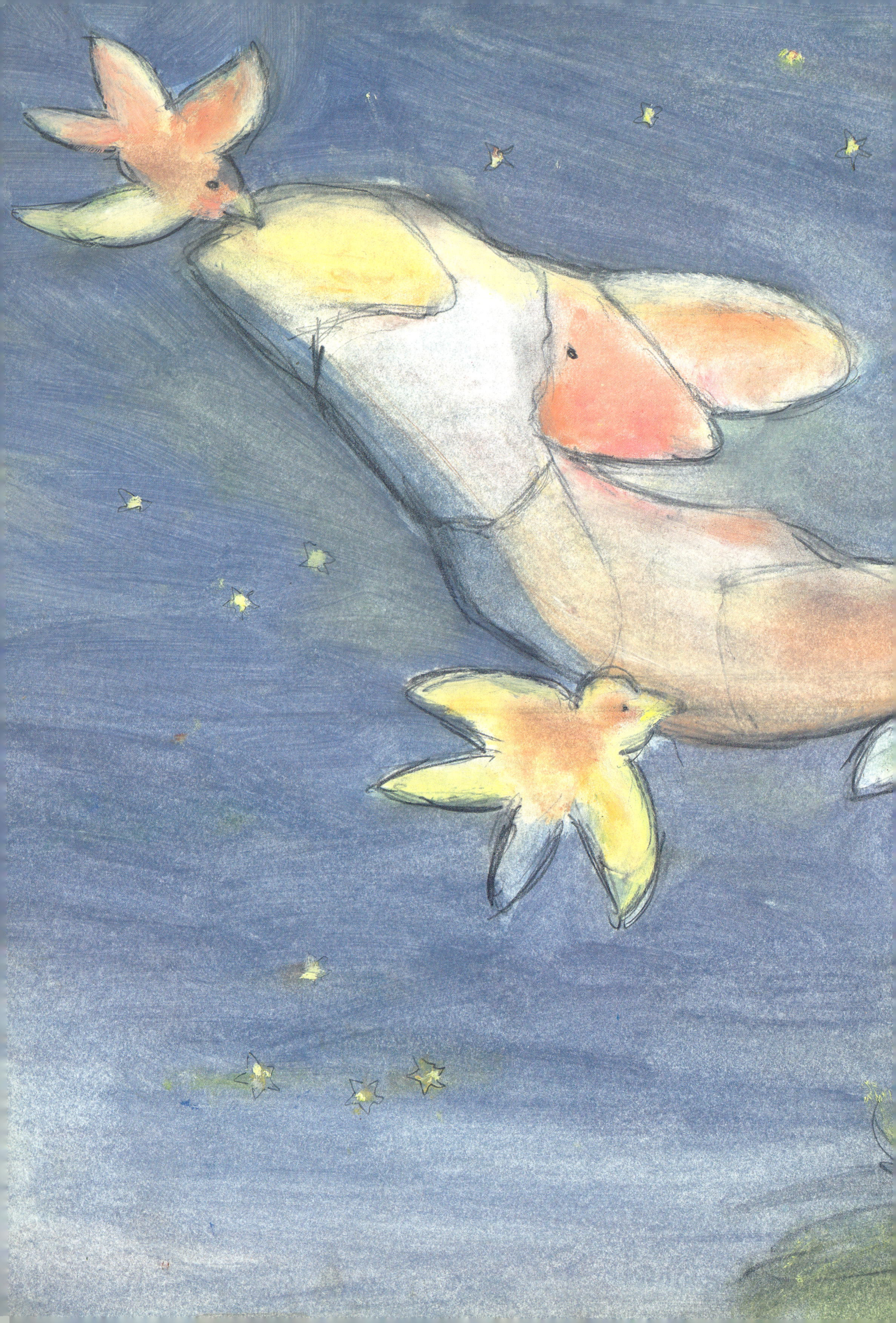

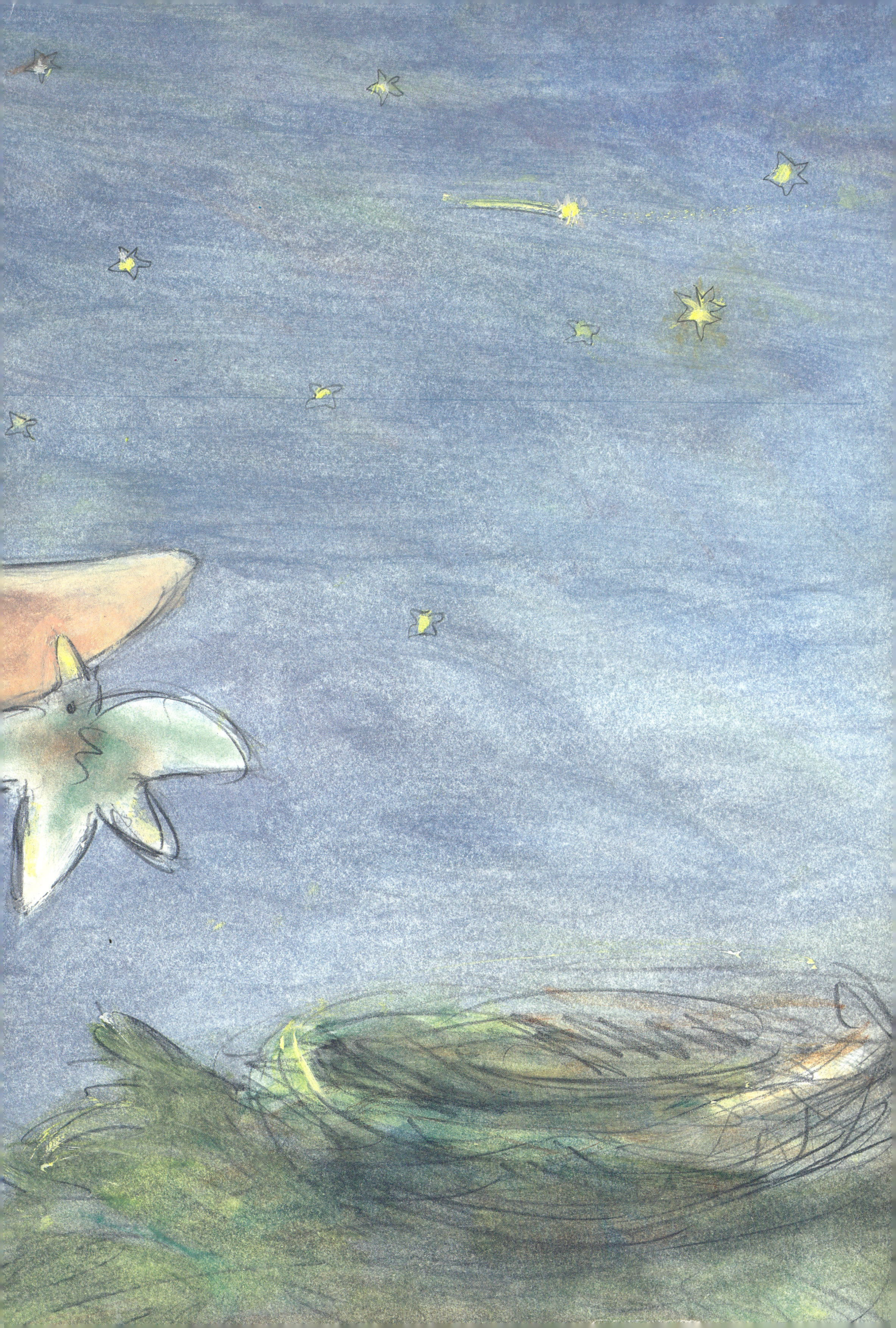

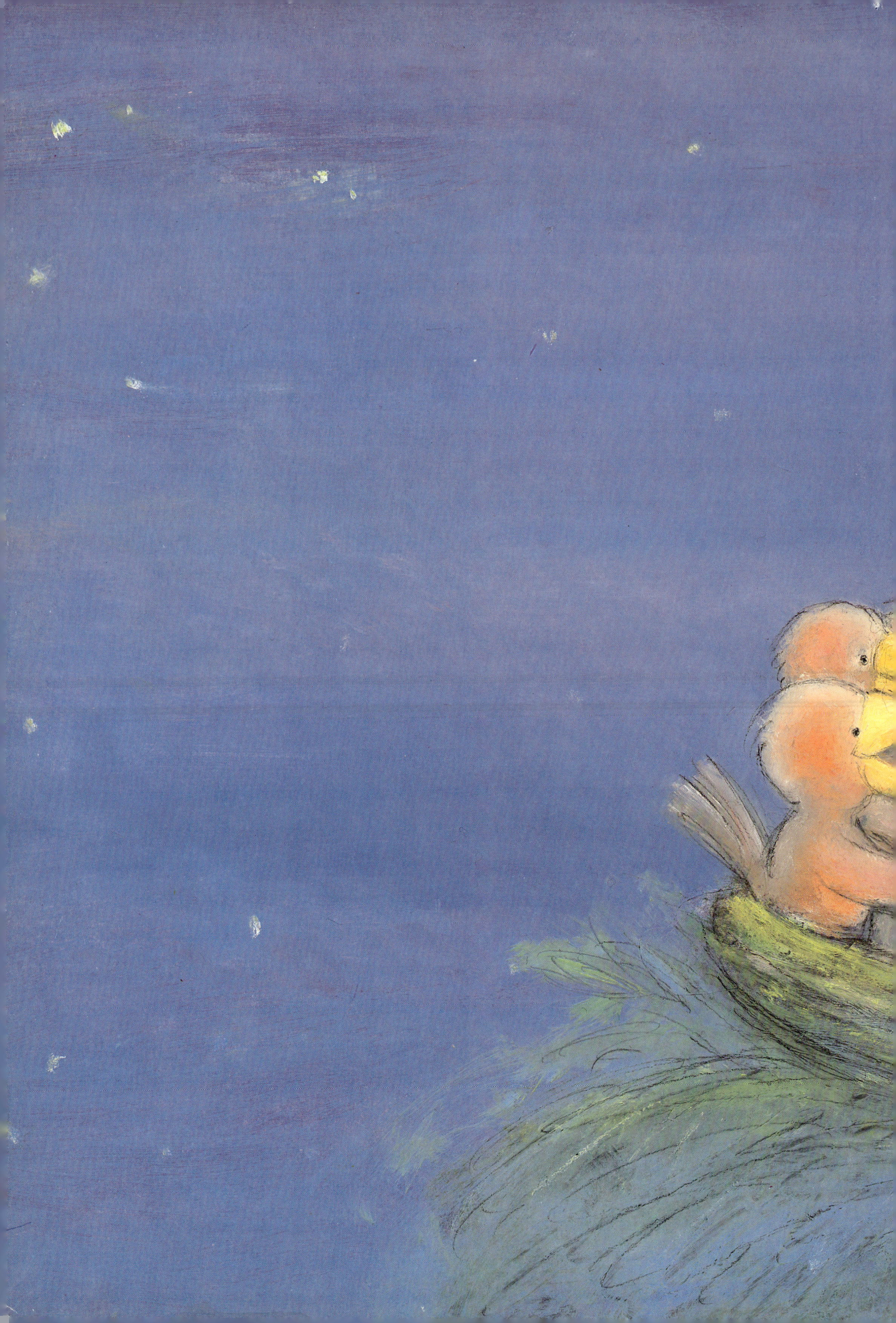